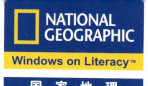

光的世界

Light

[美] Monica Halpern　Liam Collins
　　　Robyn Crocker　Care Thompson 著

唐 鸥 译

北京大学出版社
PEKING UNIVERSITY PRESS

著作权合同登记　图字：01-2006-2036

图书在版编目(CIP)数据

光的世界 /(美)哈尔彭(Halpern, M.)等著；唐鸥 译．—北京：北京大学出版社，2006.4
(国家地理学生主题阅读训练丛书·中文翻译版)
ISBN 978-7-301-08563-9

Ⅰ.光… Ⅱ.①哈… ②唐… Ⅲ.阅读教学—中小学—课外读物 Ⅳ.G634.413

中国版本图书馆 CIP 数据核字(2005)第 153509 号

图片来源（Picture Credits）：

Cover: NGS Image Collection.

Section 1 Sound 3(t), 5, 6(b), 10, 11, 14, 15, 18, 19, Lindsay Edwards Photography; 4(t), Digital Vision; 4(b), 7, 8, 20(t), 82, photolibrary.com; 6(t), 9(b), 12, 16(m), 17(b), 20 (m&b), Getty Images; 7(b), NGS Image Collection; 9(t), ANT Photo Library; 16(b), 80(r), Digital Imagery. **Section 2 light** 24-25, 22-23, 31, 36, NGS Image Collection; 25(t), 30, 35, 38-39, photolibrary.com; 26, Getty Images; 27, 42, 83, Auscape; 32, Bill Bachman; All other images Lindsay Edwards Photography. **Section 3 Glass** 43, 47(tr), 55(m), 58, Getty Images; 44(t), Photoedit; 44(b), 45(top), 47(br), 48(t&b), 51 (t), 51(mr), 55(t), 56(t), 57, 58(t), 62(t), Photodisc; 45(b), Digital Vision; 46(br), Brand X; 46(bl&tr), Photolibrary.com; 47(l), 52, 54, 55(b), 56(b), 59, 60-61, 62(b), 84, Australian Picture Library; 48(m), 49, Ancient Art & Architecture Collection; 51(ml), 53, Axess Glass; 51(b), 81(t), Peter Arnold Inc.Illustration by Xiangyi Mo. **Section 4 Simple Machines** 64-65, 79, Getty Images; 68, 71(t), 73, 63, 64(t), photolibrary.com; 69, Great Southern Stock; 71(b), 78, Digital Imagery; All other images Lindsay Edwards Photography.

《国家地理学生主题阅读训练丛书》(中文翻译版)由美国北极星传媒有限公司授权，并与君红阅读（北京）出版咨询有限公司共同策划。

书　　　名：	光的世界
著作责任者：	[美]Monica Halpern　Liam Collins　Robyn Crocker　Care Thompson 著　唐鸥 译
责 任 编 辑：	张建民　杨金良
标 准 书 号：	ISBN 978-7-301-08563-9/G·1416
出 版 发 行：	北京大学出版社
地　　　址：	北京市海淀区成府路 205 号　100871
网　　　址：	http://www.pup.cn
电　　　话：	邮购部 62752015　发行部 62750672　编辑部 62765014　出版部 62754962
电 子 邮 箱：	zbing@pup.pku.edu.cn
印 刷 者：	北京大学印刷厂
经 销 者：	新华书店
	787 毫米×1092 毫米　16 开本　5.5 印张
	2006 年 4 月第 1 版　2009 年 7 月第 2 次印刷
定　　　价：	16.80 元

未经许可，不得以任何方式复制或抄袭本书之部分或全部内容。
版权所有，侵权必究　举报电话：010-62752024
电子邮箱：fd@pup.pku.edu.cn

目录

声音王国

- 阅读目标 ················ 6
- 你听见了什么？ ·········· 7
- 声音是什么？ ············ 8
- 响亮与轻柔 ············· 12
- 高音与低音 ············· 16
- 周围的声音 ············· 20

光的世界

- 阅读目标 ················ 22
- 生命之光 ··············· 23
- 光源 ··················· 24
- 光线的反射与弯曲 ······· 31
- 制造影子 ··············· 35
- 光与色 ················· 38

玻璃

- 阅读目标 ················ 44
- 奇妙的玻璃 ············· 45
- 玻璃的历史 ············· 48

- 现代的玻璃制作 …………… 51
- 吹制玻璃 ……………………… 55
- 玻璃的回收与利用 …………… 56
- 五光十色的玻璃 ……………… 58
- 总结 …………………………… 62

简单机械
阅读目标 ……………………………… 64
- 功 …………………………………… 65
- 机械与做功 ………………………… 66
- 斜面 ………………………………… 68
- 楔子 ………………………………… 70
- 螺栓 ………………………………… 72
- 杠杆 ………………………………… 74
- 轮轴 ………………………………… 76
- 滑轮 ………………………………… 78

活动空间
- 读图思考 …………………………… 80
- 阅读训练 …………………………… 82
- 物理小实验 ………………………… 86
- 家长估评表 ………………………… 87

索引 …………………………………… 88

声音王国

声音是一种常见的物理现象。通过研究，科学家们发现声音是以声波的形式传播的。科学家们还发明了一系列测量声音的仪器。其实，通过日常的途径，我们也可以对声音进行一些简单的实验。

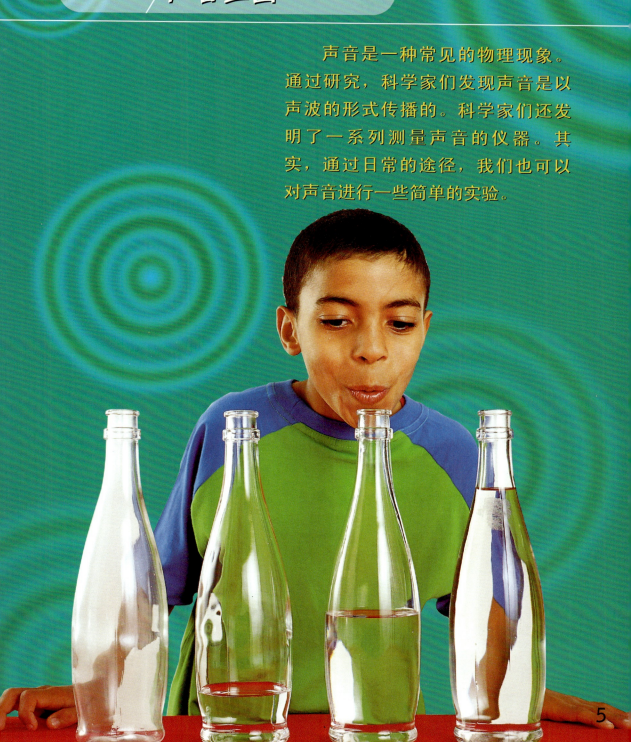

声音王国

—— Liam Collins

阅读目标

能力训练
→ 用文字描述不同的声音
→ 分享你所听到的各种声音
→ 讨论高音、低音产生的原因

知识积累
→ 弄清声音的传导途径
→ 了解声调、声速和声音的响度等知识
→ 认识声波可以被测量和比较

你听见了什么？

世界充满了各种声音。我们认识世界的一大途径就是通过聆听。当闹钟叮叮响时，你知道该起床了；当上课铃声嗡嗡响时，你明白该上课了。坐下来静静地倾听，你能听到什么？

◀ 你听见小狗汪汪叫了吗？

▲ 你听见她们聊天了吗？

◀ 你听见汽车疾驰而过的声音吗？

声音是什么？

声音是一种能量形式。当物体振动或前后快速摇晃时会发出声音。晃动的物体使它周围的空气产生振动，振动以**声波**的形式在空气中传播。当振动传到我们耳朵里，我们便听见了声音。

声波
能被听觉感知的机械波。

▶ 当有人吹奏乐器时，音乐会通过空气传播。

◀ 声波在空气中传播就好像水面的波纹。声波从波源向各个方向传播。

声音不仅可以在空气中传播，而且还可以在固体和液体里传播。在不同的物质中，声音的传播是有区别的。能够很好地传导声音的材料是优良的声音导体。

声音导体
能够传导声音的材料。

▲ 水是优良的声音导体。因此，海洋中的鲸能够远距离交流。

◀ 固体一样能传导声波。我们可以制作一个简易电话，声音的振动就能沿着绳子从一端传到另一端。

实验：声音的振动

我们知道大家都可以通过耳朵听见声音。那么你相信吗？我们同样可以通过身体感觉到声音。下面这个实验能使我们感觉到声音的振动。

你需要准备
- 1只气球
- 1个收音机

1. 将气球吹胀，并且把尾部系好。

2. 关上收音机。让气球靠在喇叭上。这时，气球是静止的，我们什么都感觉不到。

3. 打开收音机,再把气球靠上去。这时,气球便开始振动、摇晃。

4. 现在,把收音机的声音慢慢调大,振动开始加强。把声音调小,振动便会相应减弱。

喇叭发出的声波让周围的空气振动。接着,振动的空气摇晃气球。把收音机关上后,空气停止振动,气球也就停止了晃动。

响亮与轻柔

并非所有的声音都给人相同的感觉。有些声音非常响亮,比如警报声或上课铃声;有些声音则非常轻柔,比如耳语声或小猫咪的叫声。是什么使得声音响亮或轻柔呢?

声音的轻重取决于声波能量的大小。能量强大的声波发出响亮的声音,能量弱小的声波发出轻柔的声音。

▲ 轻柔的耳语声只有很少的能量。

▲ 警报发出的尖叫声具有很大的能量。

测量声音

科学家们用分贝来计量声音。一个人对你说话的声音大概有50分贝的声音能量。其他声音也包含或多或少的声音能量。

分贝
计量声音强度的单位。

140分贝

飞机起飞

80分贝

吸尘器

10分贝

落叶的沙沙声

100分贝

手提钻

50分贝

交谈声

实验：音量

我们用音量来衡量声音的强弱程度。现在，就教给你怎样通过改变发声能量来改变声音的强弱。

1. 轻拍手掌，你能听见微弱的掌声。

2. 重击手掌，你可以听见掌声响亮了许多。

3. 轻点足尖，你能听见轻微的声响。

4. 用力跺脚，你能听见重重的声音。

拍掌或跺脚越重，你使用的能量越多。能量越多，所发出的声音越大。

高音与低音

声音也有高低之分,称为音调。鸟儿的鸣叫声是高音,口哨声也是高音。牛蛙发出的则是低音。那么,是什么决定了声音的高低呢?

音调
声音的高低。

► 鸟啼是高音。当鸟儿啼叫时,声波振动很快。

◄ 牛蛙呱呱叫时,声波振动较慢。因此,我们听到的声音很低。

声音的高低取决于声波振动的快慢。高音来自于快速振动的声波，而低音则来自缓慢振动的声波。振动越快产生的声调越高。

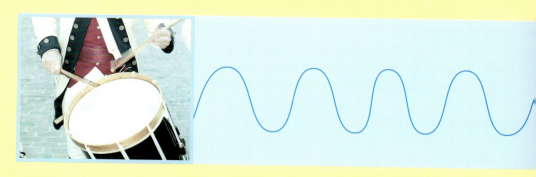

▲ 让我们来看看敲鼓时发出的声波。它的声波振动很慢，因此，鼓发出的声音很低沉。

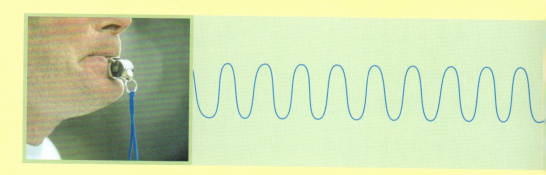

▲ 这是口哨声的声波。它们振动频率较快，因此，吹口哨发出的声音很响亮。

实验：音调

声波以不同的速度传播。速度是怎样决定音调的呢？这个实验可以让你体会到制造不同音调的声音。

你需要准备
- 4个大小相当的空瓶子
- 水

1. 将1个瓶子装满水。第2个装水至一半。第3个只装一点水。第4个什么都不装。

2. 依次对每个瓶子吹气。4个瓶子会发出不同的声音。其中，水装得最满的瓶子发出的音调最高，水装得最少的瓶子发出的音调最低。

当你对每个瓶子吹气时，振动了里面的空气。瓶子中空气的数量影响了振动的速度。瓶子中的空气越少，空气振动越快，所发出的声音越高亢。瓶子中的空气越多，空气振动越慢，所发出的声音越低沉。

周围的声音

下次无论你听见什么声音,都要仔细地聆听。然后分辨:声源是什么?声音是大还是小?高亢还是低沉?你如何去改变它们?

◀ 大声喊叫比平常说话要费劲,因为它消耗的能量更多。

◀ 吉他上的弦粗细不同。粗弦比细弦振动得更慢,因此,它发出低沉的声音。

割草机的引擎使空气振动。你所听到的正是引擎的声音。 ▶

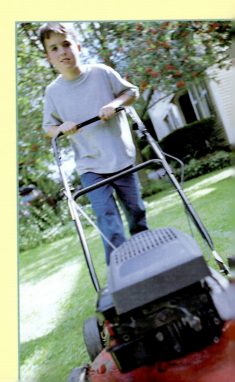

光的世界

光是由能源辐射产生的,产生光线的能源称为光源。光源分为自然光源和人造光源。通过阅读这一部分内容,你可以认识到光的各种性质。你会了解到光是怎样传播的,以及光是怎样反射和折射的。你还会了解到哪些物质易于光的传播,哪些物质阻碍光的传播。

光的世界

—— Monica Halpern

阅读目标

能力训练
- 比较光线穿过不同介质时的区别
- 与大家分享自己熟知的光学知识
- 练习对结果进行初步分析

知识积累
- 了解人造光源和自然光源的区别
- 认识光线在生产、生活中的重要性
- 理解阴影形成的原因

生命之光

看看你的身边，你的周围，告诉我你看见了什么？朋友的微笑？灿烂的阳光？五光十色的世界？书中的文字？现在，让我们来想象一个没有光的黑暗世界，你能看到什么？对，你什么也看不到。你需要光，它能让你看清这个世界。

除了将这个世界装点得更美丽外，光还是地球上所有生命的能量来源。没有光，植物就无法生长；没有光，人和动物将失去食物来源。

光源

光是一种能量，光让我们看见事物，分清彼此。很多东西本身是不会发光的。当光线从它们的表面反射进入你的眼睛时，你才可以看见它们。

光源

发光的物体。

自然光

发光的物体叫做光源。光是从其他多种不同形式的能源转化而来的。太阳和其他恒星都是自然光源。

地球上的大部分光线来自于太阳和离我们较近的恒星。太阳是我们最为重要的光热来源。没有了阳光，地球将会变成一个冰冷黑暗、万物灭迹的地方。

小心！

即使戴上太阳镜，也不要用眼睛直视太阳。否则，你的眼睛将会被太阳灼伤，甚至双目失明。

太阳是一个巨大而炽热的气体球,时刻释放出大量的光和热。

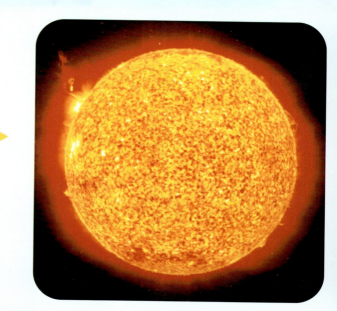

人造光源

每当夜幕降临、天色昏暗的时候,我们就会用到人造光。蜡烛、火把和灯盏都是人造光源。很久以前,人们使用篝火作为光源。以后,人们又陆续使用蜡烛、油灯、汽灯等作为照明工具。现在,电能成为我们主要的人造光源。

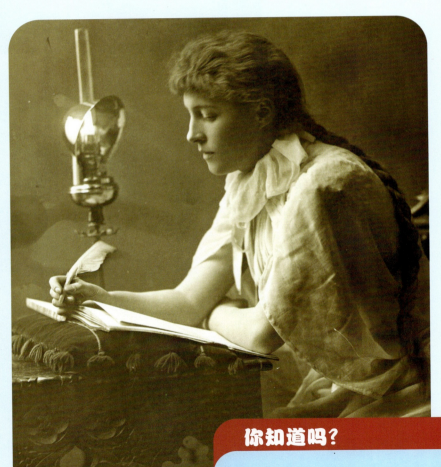

◀ 人们一度使用油灯做照明工具。

你知道吗?

1879年,托马斯·爱迪生发明了电灯。这个发明使人们可以在夜间做更多的工作。

动物与光

一些动物能够自己发光。你见过在黑夜中飞舞的萤火虫吗?它们发出黄绿色的微光。一种生活在深海的鱼类也会发光。灯笼鱼和褶胸鱼用自己发出的光作为与同伴交流的信号。

▼ 一只萤火虫正发出黄绿色的美丽光芒。

实验:光的传播

做个小实验,看看光线是怎样沿直线传播的。

你需要准备
* 1只手电筒
* 2~3张报纸
* 面粉
* 1个伙伴

实验步骤
1. 把报纸铺在地面上。
2. 将屋子有光的地方遮起来,把灯关掉,让房间变暗。
3. 把你的手电筒打开。
4. 让手电筒的光照射在报纸表面上。
5. 让你的伙伴把面粉沿手电筒光线垂直撒下来。你看到光线走过的"路"了吗?

◀ 光线走过的"路"

光速

光传播的速度非常快,你无法看清它移动的情形。光每秒钟跑300 000千米。只需要8分钟,它就可以从太阳到达我们生活的地球上。

光传播的速度比声音快多了。因此,在暴风雨来临时,我们总是先看见闪电,几秒钟后,才听见姗姗来迟的雷声。

▼ 天空中的闪电实际上是巨大的电火花发出的光。

光线的反射与弯曲

太阳、电灯一类的光源自己会发光。另外,还有一些事物要通过反射光线才能被我们看见。

反射

光线从物体表面反弹回去的现象。

光的反射

我们能看见一件东西,是因为光线照在它的身上,又反射到我们的眼睛里。镜子可以很好地反射光线,因为它表面平滑而光洁。当光照到树木这种粗糙、黑暗的表面时,反射回来的光线会少很多。

▼ 这个平滑、光洁的湖面能很好地反射光线,将树木和山峦倒映在水中。

透射

有一些物质可以被光穿透。想象一下光束穿过玻璃窗照进教室里的情景。那些几乎完全可以让光线穿透的物质，我们称为透明体。通过它们，你能看清事物。明亮的天空、清澈的河水和洁净的玻璃都是透明的。

而只能让光线透过一部分的物质是半透明体。半透明的介质让事物看起来轮廓模糊，一片朦胧。蜡纸就是一种半透明介质。

介质
光线借以传播的物质。

▼ 交通工具上的玻璃往往是透明的，这样司机才能看清他们前进的方向。图为火车司机在驾驶室看到的景象。

光线的折射

当光线从物体中穿过时，会在一定程度上减速、弯曲或改变传播方向。当光线传播方向发生改变时，产生了折射。

光线在空气中的传播速度要比在水里和玻璃中更快。想一想，当我们在水中前进时，水是怎样阻挡我们的？光线也一样会被阻挡。光线进入水中，会产生折射现象。你把一支铅笔插入水中，它看起来像是被折断了，这是因为折射的缘故。

折射

某种物体穿过另一种物体时所发生的弯折，如光线穿过水面时会产生折射。

当光线穿过水中时会产生折射，于是铅笔看起来好像被折断似的。

33

实验：魔法硬币

你需要准备
* 1枚硬币
* 水
* 1只大碗
* 胶带
* 1个伙伴

实验步骤
1. 把硬币用胶带贴在碗底。
2. 把碗放在一张桌子上。
3. 眼睛盯着碗里的硬币往后退，直到看不见硬币为止。
4. 让你的伙伴往碗里倒水。这时，你看见了什么？

你会发现你又能看见硬币了！碗里的水使光线产生折射，因此你能再次看见硬币。

制造影子

光能够穿透玻璃、透明塑料等物质，但不是所有的物质都能被光穿透。不能被穿透的物质就是不透明体。

当光照到不透明体上时会发生什么呢？物体会把光挡住。沿直线传播的光受到阻碍时不会拐弯，于是就会产生阴影。阴影就是光照不到而产生的一片黑暗区。

不透明体
光线无法穿透的物体。

◀ 图中的苹果把光挡住了，于是产生了阴影。

你和你的影子

在晴朗的天气里，你可以看见自己的影子。无论你走到哪里，你的影子总是紧紧跟随，因为阳光无法穿透你的身体。当太阳在身后时，影子就在你前面；那么，当你面向太阳时，影子会在哪里呢？

影子从早到晚都是一样的吗？当然不是的，当光源的位置发生变化时，影子也会随之改变。清晨，影子是长长的，因为太阳在天空中的高度很低；正午，烈日当空，影子会变得扁扁的、短短的；傍晚，太阳落得很低，猜猜看这时你的影子又会是怎样的？

你知道吗？

日晷就是利用阳光下影子落地的位置来判断时间。最早的日晷是中国人在4 000多年前制造的。但它有一个缺点，就是在阴天无法工作。

▲ 清晨,影子长长的。

▲ 中午,影子又短又扁。

光与色

你见过天空中的彩虹吗？夏天阵雨过后，天空中往往会出现一道美丽的彩虹。赤、橙、黄、绿、青、蓝、紫，各种颜色交织在一起，形成一条色彩绚烂的光谱。彩虹里的颜色都是以固定的顺序排列的。

光谱

包括了赤、橙、黄、绿、青、蓝、紫7种颜色的色带。

波长

科学家认识到光是以波的形式传播的。波有波长，这是指波从一端到另一端的距离。

波长
波从一端到另一端的距离。

光谱中的每一种颜色都有特定的波长。紫光的波长最短，红光的波长最长。其他颜色的波长在紫光与红光之间。人的视觉通过波长来分辨不同的颜色。

观察一下周围的环境,你会发现许多不同的色彩。绿树、红苹果、黄色巴士和蓝色邮箱。是光让我们分辨出这五彩缤纷的世界。

我们是如何分辨色彩的呢?邮箱之所以显示为蓝色,是因为邮箱被涂上一种只有蓝光波段会被反射的涂料,所以我们能看见蓝色。涂料吸收了其他**色光**,唯有蓝光没有被吸收,而被反射到我们的眼睛里,于是我们就能看见蓝色了。

色光
带颜色的光。

▲ 我们看见的颜色取决于色光的反射和吸收。

你知道吗?

17世纪,一位名叫牛顿的科学家首次向人们展示了光是由许多种色光组成的。

实验：制作彩虹

这个实验教你如何制作一条人工彩虹。

你需要准备

* 1只小桶
* 水
* 洗涤液
* 2~3勺糖
* 可弯曲的细丝，如晾衣线。

实验步骤

1. 用洗涤液和水调一桶肥皂水。
2. 加糖，使肥皂水变浓。
3. 把细丝弯成一个带柄的圆圈。
4. 把线圈浸在肥皂水中。
5. 慢慢地拿出来，你看到彩虹了吗？

现在,你知道光对我们的世界有多重要了吧!没有光,世界将变得寒冷、黑暗而荒凉。没有阳光,就没有色彩,更没有彩虹。

因此,注意观察你周围的世界。再想一想,光是如何进行神奇的反射和折射的,光是如何让我们这个世界变得更加美丽的,请尽情欣赏你眼前的一切美好事物吧。

玻璃

玻璃是地球上最常见、应用最广泛的材料之一。它可以被拉制成比蛛丝还要细的纤维，或被打磨成透镜，用于制造高精度望远镜。在这一部分中，我们将了解到玻璃的发展史、制作工艺及其特殊用途。

玻璃

—— Robyn Crocker

阅读目标

能力训练
- 思考玻璃制作过程中的物理变化
- 从文中摘抄有用的词语
- 讨论玻璃的日常用途

知识积累
- 了解玻璃的制造工序
- 理解玻璃的光透性知识
- 认识热量在玻璃制作中的作用

奇妙的玻璃

　　玻璃透明、可透视，这种奇妙的物质有许多实用价值。比如，玻璃窗能让阳光射进房间，同时，能让我们远眺窗外。玻璃还能制成瓶罐一类的器皿，这样，我们不用打开瓶子也能看清楚里面装的是什么东西。

▼ 图中的小女孩透过玻璃看到了罐子里的饼干。

玻璃的制作工艺简单、成本低廉。想一想如果没有这些五光十色的玻璃制品来点缀我们的生活，世界将会变得多么的暗淡无光！

我们用玻璃器皿盛食品和装饮料。▶

▲ 明亮的玻璃灯泡照亮了黑暗。

▲ 眼镜可以帮助近视的人矫正视力。

▲ 在做化学实验的过程中，我们要用到许多玻璃试管。

▲ 透过玻璃荧屏，我们可以收看电视节目。

▲ 透过玻璃窗，我们可以眺望远方。

玻璃的历史

人类使用玻璃的历史长达数千年之久。很早以前，人们就利用黑曜石来制作锋利的矛头。黑曜石是一种天然玻璃，是沙砾被火山岩浆熔化时形成的。

岩浆
　　地壳下面含有的高温熔化物质。

▶ 这把小刀就是几千年前我们的祖先用黑曜石制成的。

▼ 火山喷涌而出的岩浆将沙砾熔化，形成了黑曜石。

没有人确切地知道，第一块玻璃诞生于何时何地。我们从4 000多年前的墓穴中发掘出了用玻璃珠子串成的项链。迄今为止发现的最早的玻璃碗、玻璃杯已有3 500多年历史。

▲ 瞧，这串项链上的玻璃珠大约是4 000年前制成的。

这只由中国人制造的花瓶距今已有3 400多年历史。▶

大约2 000多年前，人们常常利用玻璃制造各种器皿。这些器皿包括玻璃板、玻璃杯、玻璃壶、玻璃瓶等。那时人们甚至懂得制作光滑、平整的玻璃窗。

▲ 古人将热玻璃液吹入固定模具来制作玻璃器皿。

现代的玻璃制作

如今，玻璃已经在工厂进行大规模生产了。在生产过程中，先将沙砾中的硅石与其他原料混合在一起，投入一个巨大的熔炉中加热，使之变成熔融态。混合物熔化后，变成了玻璃，等待进一步加工。

玻璃模具

玻璃瓶和玻璃罐是用玻璃熔液通过模具制成的。模具是一种中空的容器。熔融态玻璃被分成许多小凝块，放入模具中。然后，吹入空气，使其膨胀成人们想要的形状。

◀ 制作玻璃的原料正在熔炉中熔化。

瞧，这些玻璃正在被定型为玻璃瓶。▶

51

将成形的玻璃器皿从模具中移出，然后，放入一个长长的烤炉中再次加热，这个过程叫做"玻璃韧化"。二次加热后再让玻璃器皿慢慢冷却。这种经过两次加热的玻璃非常坚固。

▲ 这些玻璃器皿就是用模具制作出来的。

平板玻璃

门、窗和镜面都是用平板玻璃制成的。要想制作平板玻璃,需要先将接近熔融状态的带状玻璃滚过烧红的金属,然后,沿辊子卷入一个玻璃韧化炉中缓慢冷却。经过冷却后,就可以把玻璃片切割成不同尺寸了。

辊子
机器上能滚动的圆柱形机件的统称。

▲ 图中机器正从熔炉中拉出带状玻璃。

吹制玻璃

一些玻璃制品是用吹制的方法做成的。玻璃吹制技术已被人类掌握并使用了2 000多年。美丽而精巧的玻璃吹制品有着斑斓的色彩、千奇百怪的形状。

吹制玻璃的时候，需要先将一根长管浸入玻璃熔液中，以便粘上一块玻璃凝块。然后，吹制者在长管的另一端用嘴轻缓地吹入气体。吹入的气体使玻璃凝块涨成一个空心的泡泡。同时，吹制者还要不停地转动吹气管，以免泡泡落下。等泡泡达到所需要的大小时，再挤压成形，最后，把它从吹制管上切下来。

▲ 玻璃泡泡先被吹到合适的大小，再加工成需要的形状。

▶ 图中的这个人正在往玻璃凝块中吹入空气，使它膨胀成一个空心的泡泡。

◀ 这栋建筑的整面幕墙都是用平板玻璃制成的。

玻璃的回收与利用

一些玻璃是可以循环利用的。这些玻璃可以回炉熔化,制成其他玻璃用品。回收的玻璃需要收集起来,集中运送到回收加工厂。

循环利用
利用已经使用过的物质做出新产品。

▼ 玻璃在循环利用前要先被碾碎。

在回收加工厂中，有色玻璃和无色玻璃会被仔细地分开，然后，彻底洗净。进行再加工之前，要把它们碾成像沙子一样的粉粒。最后，把粉粒送到玻璃制造厂。注意，不是所有类型的玻璃都可以循环利用。

哪些玻璃可以循环利用呢？

可循环利用	不可循环利用
✓ 干净的绿色和棕色的瓶罐	✗ 破碎的窗玻璃
	✗ 破碎的挡风玻璃
	✗ 耐热玻璃
	✗ 花瓶
	✗ 电视机屏幕
	✗ 灯泡
	✗ 镜子

五光十色的玻璃

世界上有各种各样的玻璃，每一种玻璃都有不同的制作方法，并有其独特的用途。

安全玻璃

当安全玻璃破碎时，不会出现锋利的玻璃碎片。现在，许多窗户安装的都是安全玻璃。很多篮球场的篮板也常常采用安全玻璃。防弹玻璃和飞机挡风玻璃都是加强型安全玻璃。

▼ 图中漂亮的透明篮板是用安全玻璃制作的。

光学玻璃

　　光学玻璃指的是在望远镜、显微镜和眼镜上使用的玻璃。它们通常按照要求被制成曲面或圆面。这样的镜片能够使微小的或遥远的东西看起来更清晰。

▼ 即将安装在天文望远镜上的光学玻璃镜片。

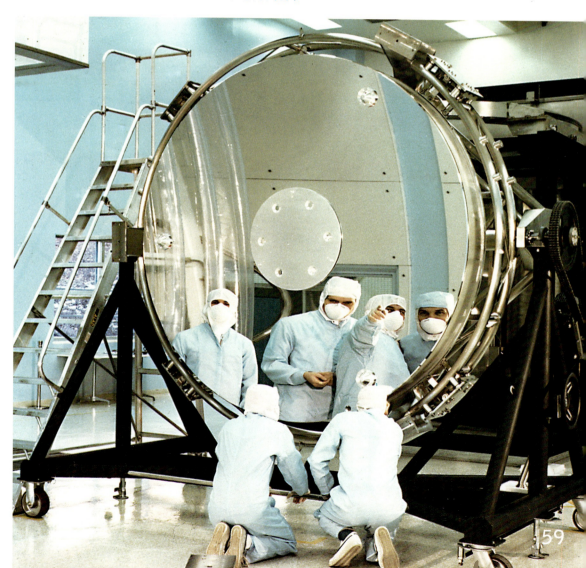

玻璃纤维

玻璃纤维和其他种类的玻璃有很大区别。它是一种极细的纤维，比人的发丝还要细，但它比钢丝还要坚韧。将熔融状玻璃拉成细长的丝，就制成了玻璃纤维。这样的纤维非常细，即使弯曲也不会折断！

▼ 熔融状的玻璃被拉成丝的情形。

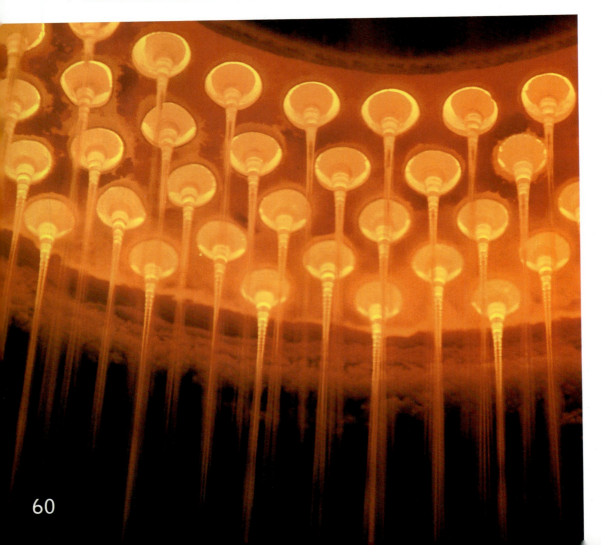

◄ 一名男子正在房顶上安装玻璃纤维绝热层。

▼ 用玻璃纤维制成的小汽艇。

玻璃纤维有许多用途。它是家中常用的绝热材料，能使我们的屋子冬暖夏凉。甚至有些消防队员的衣服也是用玻璃纤维制成的。将塑料和玻璃纤维合成一种特殊材料，可用来制作安全帽、船只、汽车部件、绳索和冲浪板等。

总结

想一想，我们生活中用到了哪些玻璃制品？如今，我们正在用玻璃做着越来越多的事情。玻璃在千百年中给我们带来许多精美实用的物品。玻璃真是一种奇妙的材料。

▼ 你可以清楚地看见玻璃罐中装的物品。

简单机械

这一部分列举了6种简单机械：楔子、杠杆、斜面、螺栓、轮轴、滑轮。简单机械至少具有以下3种作用中的一种：让物体加速；增大施加的力；改变力的方向。我们日常生活中所使用的工具往往就是简单机械或它们其中两个或多个的组合。

简单机械

—— Care Thompson

阅读目标

能力训练

→ 对不同种类的简单机械进行归类
→ 叙述机械让工作变轻松的原因
→ 辨别6种简单机械
→ 运用学到的知识分析身边的机械

知识积累

→ 理解每种简单机械的工作原理
→ 认识新机械的发明对人们日常生活起到的便捷作用

功

什么是功呢？在物理学中，功就是使一个物体运动、停止、改变其方向或形态后所产生的效果。比如，你拉动了一个物体，就对它做了功。

现在，让我们来想一想：如果你伸手去推一堵墙，你做功了吗？显然没有，因为墙根本没有移动。但是，假如你把门推开了，那么，你就做功了，因为门被你移动了。

▼ 种树也是在做功。你把树苗栽进泥土里，小树因此移动了位置。

机械与做功

我们每天都在做功。那么,你想过没有,怎样才能使做功变得更轻松呢?答案就是使用机械。机械能够帮助我们做功,并使工作变得更轻松,比如,它能帮助我们切割东西、混合物质,还可以帮助我们移动重物。日常生活中,我们常用到的是**简单机械**,简单机械由固定部件或少量活动部件组成。

简单机械
没有或只有很少可移动部件的机械。

简单机械有以下3种作用效果:

- 加快物体移动速度
- 增加所施加的力
- 改变力的方向

现在,让我们来看看简单机械是怎么帮助人们做功的。

▶ 剪刀是一种简单机械,它可以让剪纸变得轻松自如。

6种简单机械

- 斜面

- 楔子

- 螺栓

- 杠杆

- 轮轴

- 滑轮

斜面

把一个沉重的箱子运上卡车货箱时,你无法将它举起来,因为箱子太重。你必须另外想办法,该怎么办呢?这时,给你一块长板,你可以通过长板将箱子推上去。显然,这要比直接将箱子举上去轻松多了。

具体做法很简单,你只需要把板子的一头搭在车厢上,另一头放在地上,然后,顺着板子将箱子推上卡车。在这里,板子实际上构成了一个斜坡。

这个斜坡就是一种简单机械,人们通常称它为斜面。这种机械是不会动的,但是它可以帮助你移动重物。通过斜面我们可以省很多力气。

斜面
　　带斜面的简单机械,便于上下搬运物体。

我们如何利用斜面

留心周围的环境,你会发现生活中有很多地方使用了斜面。穿过马路时,你注意到一旁的斜坡了吗?进入楼层时,你能找出楼梯旁的斜面吗?除此之外,你还能在哪些地方找到斜面呢?

◀ 在斜面的帮助下,人们进出楼层变得轻松自如。

历史上的机械

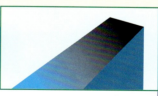

斜面

我们并不能确定雄伟的金字塔到底是如何建造出来的。但有一种猜测认为,古埃及人就是利用了斜面的作用,把巨石推向金字塔高处的。

楔子

你知道每次切三明治时，你用到了一种简单机械吗？实际上，小刀就是一种简单机械，我们通常称它为楔子。用小刀切下去，向下的力能使面包裂开。

> **楔子**
> 让切割和劈开物体变得更容易的一种简单机械。

历史上的机械

楔子

　　过去，农民常常把木质或铁质的犁套在牲畜身上，让牲畜耕田。这里的犁也是一种楔子。犁被牲畜拖拽的过程中，地面被切开，泥土被翻到两侧。现在，很多农户已经用拖拉机等机械代替了牲畜耕种。

我们如何利用楔子

楔子常常被人们用于切割或劈断物体。楔子通常呈板状或平面状，比如小刀、斧头等。有些楔子也被削成圆尖状，如箭头。

斧头是一种重型楔子。通常当我们抡起斧头时，就能把木材劈为两半。那是因为楔子使向下的力转化为向两边的力，在这种力的作用下，木材就会向两边分开。

▲ 几乎所有的切割工具都用到了楔子。

▼ 当你咬下一口苹果时，你的牙齿在这个过程中充当了楔子。

有时候，几种简单机械组合在一起工作。拉链既用到了斜面，也用到了楔子。拉链的滑动就是使用楔子来开合拉链牙的。

说到牙，你知道自己身上也有楔子这种简单机械吗？不要忘了，楔子常被用来作为切割工具。你知道身体的什么部分具有这一功能吗？对了，就是你的门牙！

螺栓

如果你想在自己的房间里安装一个架子，仅有木板和支架是不够的。你还需要使用一种简单机械——**螺栓**，螺丝钉就是一种常用的螺栓。你可以通过螺丝钉把支架固定到墙上，接下来，你就可以把架子放上去了。

观察一下旁边这个螺丝钉图片。你看见它身上环绕的纹路了吗？那些凸起的棱叫做螺纹。螺丝钉实际上就是被拧成圆柱形的斜面。

还记得前面说过的，将物体沿斜面推上高处比直接举上去要容易得多吗？螺栓就是一种旋转的斜面，因此，当拧紧螺丝钉时，你会感到比直接把钉子敲进墙里更省力。

螺栓 由斜面绕圆形成的一种简单机械。

◁ 螺杆

◁ 螺纹

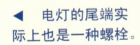

◁ 电灯的尾端实际上也是一种螺栓。

将螺丝钉拧入墙 ▷
中时，螺丝钉上的螺
纹使我们省力。

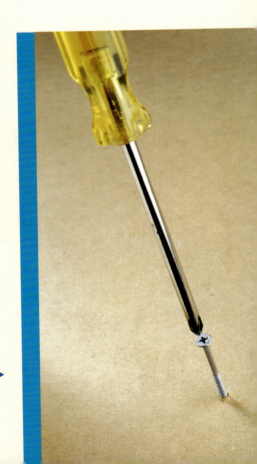

我们如何利用螺栓

螺栓的作用远不止仅用来连接两个物体，它还可以用于打孔。电钻就是一种利用螺栓的机器。电钻的使用很简单，只需把它缓缓地推入木头中再拉出来，一个钻孔就打成了。

◀ 钻头上的螺栓让木头打孔变得既快捷又轻松。

历史上的机械

螺栓

很久以前，古希腊有位著名科学家叫做阿基米德。他发明了一种升降螺栓，可以帮助农民浇灌农作物，把低处的水引到高处的农田。这种螺栓上安装了一个曲柄。农民只需摇动曲柄，水就顺着螺栓上升，然后流入高处的田地中。

73

杠杆

杠杆是另一种简单机械，通常它就是一根用于举物的木棒。你看见图中的这个小女孩了吗？她正在使用一根木棒做杠杆。她把木棒插在一块石头下面，这块石头就是需举起的重物。接着，她将一块小石块压在木棒下作为支点。支点可以改变力的方向，因此，小女孩用力向下按木棒时，较重的石块就会被举起来。

杠杆
一根能够绕着支点转动的直棍或直棒。

▼力　支点▶　▲重物

我们如何利用杠杆

杠杆也可以帮助我们做功。我们可以利用杠杆移动较重的物体，也可以利用它去撬开东西，甚至还可以将它用于娱乐。当我们打篮球或荡秋千时，就不知不觉地使用到了杠杆。

杠杆在工作的过程中改变了用力的方向。前面图中，小女孩为了把石头举起来，要使用向下的力。同时，杠杆可以省力，那个女孩用杠杆把石头撬起来要比直接搬起石头省力。

▲ 球棒是帮我们击球的杠杆，而手在其中充当了支点的作用。

每只杠杆都可以改变力的方向，但它们的外观各式各样。棒球棒是杠杆，剪刀的两片刀片也是杠杆。实际上，剪刀的两个杠杆共同使用一个支点。

历史上的机械

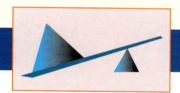

杠杆

　　一些科学家认为杠杆是人类最早开始使用的机械。我们的祖先很早就开始用树枝来移动巨大的岩石。移动过程中，人们利用其他岩石作为支点，而那些树枝正是被作为杠杆来使用的。你想一想，力是从何而来的呢？

轮轴

在我们的身边，轮子随处可见。想想大家是怎样去上学的？坐巴士还是骑自行车？无论哪一种方式，我们都用到了**轮轴**。

轮和轴是一个简单机械的两个部分，轮通常绕着轴转动。仔细观察自行车轮的转动，当它们转动时是否会飞离自行车呢？不会，因为它们始终围绕着轴转动。轮和轴总是在一起工作的。

轮轴 轮子及其围绕着转动的棍子。

历史上的机械

轮子

一些科学家认为轮子是历史上最重要的发明。很久以前，轮子被用于制作陶器。除此之外，轮子几乎用在我们的每一样交通工具上。

我们如何利用轮轴

某些机械安装有可以升降的部件,另外一些机械上安装有可以移动的部件,还有一些机械上安有圆周运动的部件。所有这些部件几乎都用到了轮轴。

我们以不同的方式使用着轮轴。这里有一个使用轮轴的例子,你能找出它安装轮轴的位置吗?

▲ 单排溜冰鞋上安装了许多轮轴。

滑轮

你亲手升降过旗帜吗？如果升降过，那么，你就使用过另外一种简单机械——滑轮。滑轮能使你联想到什么呢？你想到轮子了吗？让我们来看看滑轮是怎样通过轮子来减少我们做功的。

滑轮是由缠绕着绳子的轮子构成的，它可以改变我们用力的方向。通过滑轮我们可以向下拉绳子来吊起重物。这让工作变得轻松起来，很显然，向下拉绳子比直接将物体举高要容易得多。

部分滑轮有两个轮子，而不是一个。这样的滑轮不仅可以改变力的方向，而且还可以省力。实际上，使用的轮子越多，举起重物所用的力就越小。

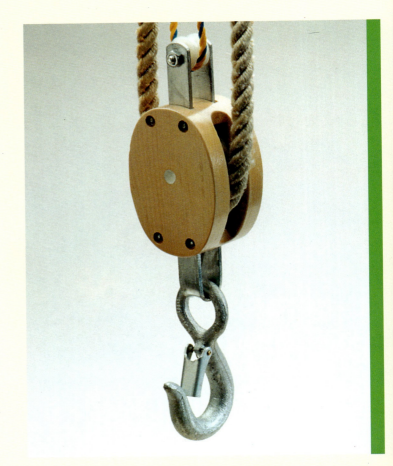

我们如何利用滑轮

滑轮让我们的生活变得更轻松。人们使用一个简单的滑轮就可以移动那些难以接触到的物体。如果没有滑轮，我们将不得不爬上旗杆，把旗子挂上去。

▲ 建筑工人用滑轮来举起重物。

历史上的机械

电梯

1854年，伊莱沙·奥蒂斯发明了现代的安全电梯，它使用了一系列滑轮来承载电梯重量，接送人们在高楼中上上下下。与以往的电梯不同，奥蒂斯使用了一种安全装置，缆绳一旦断裂，电梯将自动停止。

活动空间

读图思考

1 牛蛙发出一种低缓的声音。是什么决定声音的高低呢?

2 为什么这支铅笔看起来像是被折断了?

3 玻璃瓶是怎样制成的？

4 自行车用到了哪些简单机械？

阅读训练

声音王国

根据原文内容，选择正确答案。

1. 高频声音来自_____。
   a. 缓慢振动的声波
   b. 含大量能量的声波
   c. 快速振动的声波
   d. 含较少能量的声波

2. _____时产生的分贝数最高。
   a. 人们互相交谈
   b. 门铃叮叮响
   c. 警笛鸣响
   d. 喷气式飞机起飞

3. 所有的声波_____。
   a. 从声源向同一个方向传播
   b. 能在液体、固体和气体中传播
   c. 传播的速度相同
   d. 含有相同的能量

4. 你运用_____来感知声音。
   a. 视觉
   b. 听觉
   c. 味觉
   d. 嗅觉

根据描述，选择对应的名词。

5. 声音的高低　　　_____
6. 能够传导声音的材料　_____
7. 能够引起听觉的机械波　_____
8. 计量声音强度的单位　_____

a. 导体
b. 分贝
c. 声波
d. 音调

光的世界

根据原文内容,选择正确答案。

1. _____ 是自然光源。
   a. 蜡烛
   b. 太阳光
   c. 油灯
   d. 闪光灯

2. 光速是 _____。
   a. 3 000千米/秒
   b. 30 000千米/秒
   c. 300 000千米/秒
   d. 比声速慢

3. 利用太阳光形成的阴影计时的钟,称为_____。
   a. 太阳钟
   b. 光谱
   c. 阴影钟
   d. 日晷

4. 不要用眼睛直视太阳,因为 _____。
   a. 它是太阳系的中心
   b. 它是一种人造光源
   c. 会伤害眼睛甚至导致失明
   d. 它是橘黄色的

根据描述,选择对应的名词。

5. 包括赤橙黄绿青蓝紫7种颜色的色带 _____   a. 反射
6. 光线从物体表面反弹回原介质的现象 _____   b. 介质
7. 光线借以传播的物质 _____   c. 色光
8. 带颜色的光 _____   d. 光谱

玻璃

根据原文内容，选择正确答案。

1. 最早的玻璃瓶罐出现在_____。
   a. 19世纪初
   b. 2 000年前
   c. 3 500年前
   d. 中世纪

2. 装入模具后的玻璃再次加热的目的是_____。
   a. 使玻璃变平展
   b. 使玻璃变得更透明
   c. 使玻璃变干净
   d. 提高玻璃的韧性

3. 黑曜石是_____。
   a. 一种天然玻璃
   b. 一种用于制造玻璃的熔炉
   c. 大多数玻璃所含的一种组成物质
   d. 一种给玻璃染色的染料

4. 玻璃纤维是_____。
   a. 通过长管吹制而成的
   b. 把熔浆挤进非常细小的模具
   c. 把玻璃片切成小细丝
   d. 把熔融的玻璃拉成细丝而成

根据描述，选择对应的名词。

5. 一种物质对人们的积极作用　　_____　　a. 辊子
6. 用加热的方法使物体达到一种熔化状态　　_____　　b. 价值
7. 机器上能滚动的圆柱形机件的统称　　_____　　c. 熔融态
8. 一种将玻璃加热至高温熔化状态的烤炉　　_____　　d. 熔炉

简单机械

根据原文内容,选择正确答案。

1. 升降机利用_____来运送人或重物。
   a. 斜面
   b. 轮轴
   c. 楔子
   d. 滑轮

2. 人们利用机械的原因是它们_____。
   a. 很容易操作
   b. 使工作变得轻松
   c. 很早以前就被采用
   d. 机械几乎没有活动部件

3. 楔子大多被用于_____。
   a. 举起重物
   b. 切割物体
   c. 把物品固定在墙上
   d. 移动很难够到的物品

4. 一种常用于移动重物的简单机械是_____。
   a. 杠杆
   b. 轮轴
   c. 楔子
   d. 螺栓

根据描述,选择对应的名词。

5. 具有一定倾斜度的平板　　_____　　　　a. 杠杆
6. 能绕着支点转动的一种简单机械　_____　b. 螺栓
7. 由斜面绕圆形成的一种简单机械　_____　c. 斜面
8. 轮子及其围绕着转动的棍子　　　_____　d. 轮轴

物理小实验

你对物理知识感兴趣吗？物理学是自然科学中的基础学科之一，它主要研究物质运动的最一般规律和物质的基本结构。本书中的各个部分分别从不同角度介绍了一些物理知识。物理学的研究，需要很强的动手能力。你想不想自己动手研究一个简单的物理现象呢？如果你愿意，请按我们的步骤开始实验吧。

放大镜特点和功能的研究

放大镜　书　尺子

1. 翻开书页，透过放大镜观察文字放大后的效果。
2. 移动放大镜，直至文字模糊为止，用尺子量出在什么刻度范围内，放大镜能起到放大文字的作用。
3. 在太阳下利用放大镜聚成一个光点，记录下放大镜到光点的距离。

详细记录实验过程中的各个步骤

一定要记录下实验过程中的数据，这对于实验分析非常重要。你是否想过，这些数据有什么特点呢？在第3步中，你记下的数据其实就是这个放大镜的焦距。你自己思考一下，第2步记录的数据与焦距有什么关系？请把分析结果写在实验报告中，然后，拿给父母看，请他们为你的实验作一个评价。

星级评分 评分项目	★	★★	★★★	★★★★	★★★★★
实验步骤					
实验报告					
结果分析					

参考答案

声音王国	cdbb	dacb
光的世界	bcdc	dabc
玻璃	cdad	bcad
简单机械	abba	cabd

索引

波长 39

玻璃韧化 52～53

导体 9

反射 21，24，31，40，42

分贝 13

杠杆 63，67，74～75

光学玻璃 59

光谱 38～39

光源 21～22，24，26，31，36

黑曜石 48

滑轮 63，67，78～79

介质 22，32

螺栓 63，67，72～73

凝块 51，55

楔子 63，67，70～71

熔融态 51

声波 5～6，8～9，11～12，16～18

斜面 63，67～69

循环利用 56～57

折射 21，33～34，42